L'UNION PANAFRICAINE DE LA JEUNESSE :

Un instrument d'autonomisation politique et économique de la jeunesse africaine

Sergil Morsely NGOMA

L'UNION PANAFRICAINE DE LA JEUNESSE :

Un instrument d'autonomisation politique et économique de la jeunesse africaine

L'Harmattan

5-7, rue de l'École-Polytechnique ; 75005 Paris

http://www.librairieharmattan.com

ISBN : 978-2-14-049111-5
EAN : 9782140491115

DEDICACE

A ma fille aînée **Astride Aksanti NGOMA,**

A la jeunesse africaine.

REMERCIEMENTS

Mes sincères remerciements vont à l'endroit de Monsieur **Amady Gansiry BATHILY**, Conseiller technique au Ministère malien de la jeunesse et de l'employabilité, pour sa large contribution à la naissance de cette œuvre.

A Messieurs **Martin PAMBOU et Jean Omer MBOUSSI**, pour leur auguste assistance technique apportée.

Toute ma gratitude à Monsieur le Premier ministre, Chef du Gouvernement de la République du Congo, **Anatole Collinet MAKOSSO**, ancien Président de la Conférence des Ministres en charge du développement de la jeunesse de la Commission de l'Union Africaine (COMY IV).

Toute ma gratitude à l'équipe de la Division de la jeunesse de la Commission de l'Union Africaine et au Gouvernement de la République Islamique du Soudan, pour leur soutien indéfectible durant mes 5 années de mandat dans ce pays, au service du développement de la jeunesse de notre très cher continent.

AVANT-PROPOS

L'Afrique, berceau de l'humanité, et continent aux potentialités scandaleuses, traverse beaucoup de difficultés, à l'instar des autres continents aujourd'hui considérés comme « développés ».

Sa jeunesse, avenir du continent, se doit d'être unie, engagée et « agressive » dans la recherche de l'unité du continent, de son développement et de son rayonnement. Pour ce faire, l'Union Panafricaine de la Jeunesse, plateforme représentative de toutes les structures de jeunesse sur l'ensemble de notre continent est, entre autres structures, un spécimen de cette vision engagée vers ***« l'Afrique que nous voulons d'ici 2063 ».***

Cette Afrique, qui sera véritablement capable de s'assumer en toute responsabilité, au point de briller de mille feux. Parce que, franchissant le Rubicon de son développement intégral, mieux, de sa béatitude tous azimuts.

L'auscultation des thématiques émergentes épinglées dans cet ouvrage a trait, non seulement avec la jeunesse, mais aussi avec les mutations quasiment imparables de nos sociétés en cours. Elle prouve combien de fois l'engouement des dirigeants africains, des partenaires et des jeunes eux-mêmes est manifeste actuellement dans la recherche de la création d'un environnement agréable sur l'ensemble du continent, en faveur de cette jeunesse pleine d'énergie et d'ingéniosité.

Cette belle course vers l'épanouissement du continent africain, qui a grandi, passe aussi bien à travers les questions qu'il ne cesse de se poser tous les jours, qu'à travers les réponses qu'il ne cesse d'apporter au quotidien dans la mesure du possible.

Certes, l'Afrique n'est pas parvenue, pour l'heure, à la hauteur, sinon à l'excellence, de ses attentes escomptées dans de nombreux domaines de la technologie de pointe, tel que l'Aérospatiale. Cependant, l'évidence de la coexistence des générations ou du dialogue intergénérationnel nous permet de nous réjouir, tout de même, des initiatives et avancées réalisées sur l'ensemble du continent.

En effet, le fait que les autorités africaines soient désormais conscientes de la partition que pourrait jouer cette couche dominante de nos sociétés, constitue une avancée remarquable vers la reconnaissance de l'expertise des jeunes.

Cette reconnaissance, justifiée par l'adoption d'une kyrielle d'instruments juridiques adoptés ici et là au niveau des grandes instances de prise des décisions, a été largement vulgarisée sur l'ensemble du continent. Plusieurs grandes entrevues ordinaires, parfois, extraordinaires, ont été organisées pour réfléchir et trouver des pistes idoines et durables nécessaires à la résolution des maux qui minent cette couche vulnérable.

Toutefois, en dépit des efforts déployés et des dispositions prises, même à l'échelle continentale, nous pouvons souligner que toutes ces initiatives louables n'ont point été effectives sur toute la ligne. Parce que, dans certains pays, plusieurs d'entre elles n'ont jamais fait l'objet ni d'adoption, ni de ratification, encore moins de vulgarisation auprès des populations locales. Ce qui est inadmissible à l'ère du cybermonde et du contact incontournable avec les Nouvelles Technologies de l'Information et de la Communication (NTIC). Pourtant, la jeunesse, qui fait partie de ces populations locales, mérite d'être traitée à sa juste valeur.

Au-delà de ces insuffisances, nous osons croire que, cet ouvrage sera l'un des canaux de persuasion qui soutiennent, mieux, traduisent la disponibilité et la nécessité des jeunes talents pour le progrès du continent africain. Car, **les jeunes, avec leur énergie, leurs capacités et leurs aspirations novatrices, sont un capital humain que ni l'Etat, encore moins la Société, ne peuvent ni mésestimer ni ignorer.** C'est dire, à l'heure actuelle, que l'avenir de l'Afrique résulte, en partie, dans le dynamisme des jeunes. A dire vrai, les patriarches ou octogénaires doivent être considérés comme des girouettes qui indiquent la direction du vent aux jeunes générations censées poursuivre la marche pour le développement du continent. Cet ouvrage n'est nullement un réquisitoire contre toute éventuelle force vive d'un Etat donné. Il devrait, plutôt, être perçu comme une contribution, parmi tant d'autres, à l'interpellation des Etats qui ont solennellement pris l'engagement d'accompagner leurs jeunesses et de renforcer l'action efficace des Organisations internationales et non gouvernementales engagées pour la même cause.

Ce livre voudrait donner l'opportunité à tous les pays qui n'ont pas encore ratifié et appliqué les Conventions internationales en faveur de l'émancipation de la jeunesse africaine.

Sergil Morsely NGOMA

INTRODUCTION

Réfléchir sur la jeunesse c'est examiner véritablement les apports puis les différents écueils auxquels fait quotidiennement face cette couche précieuse dans toute société. Une couche vulnérable, parce qu'elle est susceptible d'être emportée dans toutes directions, à l'instar d'une feuille morte, par le vent.

Heureusement, depuis une certaine période, l'on a compris que la plus-value jeune est nécessaire dans le processus de développement engagé par nos Etats. Cette jeunesse doit être entretenue à jamais pour lancer les bases d'un développement durable.

L'on a coutume de dire que l'avenir d'une Nation réside dans sa jeunesse, Encore faut-il que cette jeunesse ait effectivement un avenir protégé, accompagné et, vraisemblablement, garanti par les autorités. Et ces autorités l'ont vite compris. L'éclosion de la jeunesse singapourienne, par exemple, a résulté, en partie, de l'intégration des valeurs citoyennes dans le processus de développement de ce pays.

Le rêve est source d'espérance. C'est aussi un levier de motivation pour entreprendre et construire une société. Mais, hélas ! Face au manque de perspectives qui s'offrent parfois aux jeunes, comment amener ces derniers à rêver ; à créer, « demain », un cadre requis de citoyenneté ; et à bâtir, avec les gouvernants, des projets de société pérennes ? Comment continuer à impliquer et inculquer alors à cette jeunesse africaine la culture de l'excellence et la culture de paix, en affrontant efficacement les défis ? Une jeunesse formée à l'excellence et à la non-violence serait, incontestablement, la véritable réserve, mieux, la première richesse du continent africain.

La preuve : les deux tiers de la population africaine ont moins de 30 ans, et plus de la moitié de cette population a une moyenne d'âge de 21 ans. Ces chiffres mettent en exergue une réalité démographique qui fera de l'Afrique, dans les prochaines années, la 3^{ème}zone géographique, en termes d'abondance de main-d'œuvre, devant la Chine et l'Inde.

Les statistiques sur la formation et l'emploi restent très affolantes dans certains pays.

Il est important de retenir à ce sujet, qu'au-delà de toute préoccupation, la jeunesse africaine, comme celle d'autres continents, est d'abord confrontée à un premier défi : celui du manque d'emploi. Car, plus de 60% des chômeurs en Afrique sont jeunes.

En effet, avec un emploi décent, tout ou presque peut être assuré dans la vie. Même si la béatitude n'est pas toujours au rendez-vous, un emploi peut néanmoins constituer l'essentiel pour répondre aux besoins primaires vitaux.

Le travail ou l'emploi, étant un vecteur d'intégration, de stabilité et de cohésion sociale, on peut aisément réaliser, qu'à ce stade, seules une diversification forte de l'économie et une politique d'industrialisation peuvent mener au développement.

Le second défi est la formation ; mais alors une formation adaptée. Malheureusement, de nos jours, nous faisons face à une jeunesse de plus en plus éduquée, mais formée pour des besoins et des problématiques qui ne correspondent pas souvent aux réalités ou besoins locaux. La conséquence de cette inadéquation entre l'emploi et la formation, observée souvent dans les pays en développement, conduit tantôt à l'exil de l'élite (de nombreux hommes et femmes, qui ont les moyens, s'expatrient), tantôt à une montée vertigineuse du chômage, à cause de l'exode rural (déplacement massif des jeunes villageois en direction de la ville).

Ainsi, la formation, étant source d'espérance, devrait plutôt offrir des perspectives certaines.

Le plus grand écueil à éviter est celui de la violence. Puisque, lorsqu'on est jeune et qu'on croit inconsciemment ou consciemment qu'on n'a rien à perdre du sens de l'existence, la tendance est forte à recourir aux moyens malhonnêtes (braquages, rançonnements, pillages), pour gagner de l'argent. D'où, la prolifération des réseaux mafieux à travers le monde.

En Occident comme en Afrique, le mal-être de la jeunesse conduit à la délinquance ou à des émeutes.

Nous comprenons, dans ces conditions, qu'il est moins coûteux d'investir dans la prévention de la délinquance que dans la réinsertion des délinquants. C'est-à-dire, il est mieux d'éduquer ou de former un jeune en temps opportun que de le ramener à la raison ou de le réinsérer dans la société, après qu'il aura déjà été membre d'une organisation criminelle. Lorsque le libertinage s'enracine en milieu jeune, sous les regards impuissants des autorités, la Société court un danger permanent de sauter sur une mine qui n'est autre que la couche des jeunes incontrôlés.

Heureusement, une partie consciente de cette jeunesse a fini par se débrouiller seule, pour sortir de l'oisiveté, sinon amortir les contrecoups du chômage. C'est à juste titre que certains gouvernements avisés, ayant réalisé l'urgence de jeter un regard inquisiteur sur cette couche vulnérable, ont développé des politiques adaptées, en phase avec certains instruments juridiques nationaux et internationaux très importants, consacrés à la canalisation, l'orientation, la formation, l'intégration et l'autonomisation de la jeunesse africaine.

Pour mémoire, l'on se souviendra, au passage, qu'au lendemain de l'indépendance des Etats africain, pendant la décennie 1960, rares étaient les gouvernements africains qui ont vite perçu l'importance de prêter une attention particulière à la jeunesse.

Durant cette décennie, les questions capitales qui touchent l'avenir de cette couche furent quasiment rangées dans le tiroir, comme des objets périmés. Parce que, cette couche manquait, non seulement une voix prépondérante, mais aussi un espace d'expression, mieux, une instance permanente représentative à l'échelle continentale, pour faire entendre, très haut et très loin, ses cris de cœur.

Ces cris de cœur ont fini par être portés, dans une certaine mesure, par certains jeunes intellectuels africains (de l'époque coloniale, en l'occurrence). Parmi eux, nous citerons les grands chantres de la Négritude, tels que Léopold Sédar Senghor (Sénégal), Wole Soyinka (Nigéria), Kwame N'Krumah (Ghana), Ahmadou Hampâté Bâ (Mali),... [1]

La communication intergénérationnelle faisant farouchement défaut durant une période donnée de l'histoire africaine, l'issue de

Sortie de cette impasse paraissait moins envisageable. Cette question de dialogue entre les aînés et les jeunes commença à être abordée subsidiairement, à l'occasion des grands forums internationaux.

---

[1] La Négritude fut un courant d'expression visant à intercéder en faveur des peuples noirs, sous l'emprise du joug de l'Administration coloniale.

Dans certaines zones sous emprise autoritariste (comme en Afrique du Sud, sous le régime d'Apartheid, ou en République Populaire du Congo), les associations de jeunesse avaient tout leur regard tourné vers le militantisme politique ou le socialisme scientifique, au lieu de se pencher sur les questions de développement[2].

Sur ces entrefaites, on peut réaliser dans quelle mesure on devrait porter la voix des jeunes au de-là des frontières, c'est-à-dire au niveau des instances suprêmes internationales, capables et disposées à prendre en compte les attentes fondamentales de cette couche sensible.

Toutefois, au gré des circonstances et des mutations spectaculaires qui se sont opérées à travers le monde, une brèche s'est enfin ouverte. La quasi-totalité des dirigeants africains, par exemple, ont compris que les jeunes, avec leur dynamisme, constituent une couche supplémentaire considérable, à impliquer dans la réalisation des objectifs de développement économique de leurs nations respectives.

L'Union Africaine a toujours envisagé et aspiré, d'une part, à une Afrique politiquement, économiquement, socialement et culturellement intégrée, selon sa vision propre, et d'autre part, à une Afrique pacifique, jouissant de rapports de bon voisinage en interne et en externe.

Le Nouveau Partenariat pour le Développement de l'Afrique (NEPAD), intégré dans un nouvel élan par la Commission de l'Union Africaine, vise à promouvoir le développement de l'Afrique, en renforçant les capacités du continent, non seulement en termes de réduction de la

---

[2] L'Apartheid, vécu par les peuples noirs d'Afrique du Sud, a constitué une période très sombre dans l'histoire de la jeunesse de ce pays. Les jeunes ne pouvaient dire mot, faute de disposer d'une instance capable de faire entendre ses jérémiades.

pauvreté, mais aussi de résilience face aux défis et chocs inhérents au XXIème siècle [3].

Ce livre vise également, et de façon particulière, à renforcer le leadership de la jeunesse, pour la promotion de la paix, de la sécurité des peuples et de la bonne gouvernance. Ces questions importantes pour la vie et la survie du continent sont réellement et bien souvent prises en compte dans des ateliers de réflexion initiés par l'Union Panafricaine de la Jeunesse. L'UPJ, elle aussi, pense que des efforts doivent être conjugués pour que le train, qui conduit le développement du continent africain, arrive à bon port, et qu'en conséquence, l'Afrique constitue une force dynamique et un partenaire privilégié sur la scène internationale.

Aussi, il est-il que le projet d'une Afrique nouvelle, émergente et intégrée cessera d'être une simple vue de l'esprit si la population croissante des jeunes est véritablement mobilisée et outillée pour contribuer à la construction de l'intégration africaine ; à la construction de la paix ; et à la construction du continent.

Cette projection découle de la croyance ou de la conviction selon laquelle un leadership fort et responsable, ainsi qu'une intégration effective doivent fortement s'ancrer dans la participation de la grande majorité de la population, dont les jeunes constituent un pilier essentiel[4].

Étant souvent sous informés ou n'ayant point d'aubaine pour être éclairés sur l'apport de la jeunesse dans une société , certains milieux sont demeurés, pendant longtemps, dans l'ignorance, sans la moindre explication ni la moindre analyse préalable.

---

[3] Brochure « *Position africaine sur le développement de la jeunesse* », page1

[4] « *Position africaine sur le développement de la jeunesse* ». Ibid., page 1

PREMIERE PARTIE :

CHAPITRE I :
ETAT DES LIEUX DE LA JEUNESSE AFRICAINE

Face aux mutations et découvertes extraordinaires de la Science et de la Technologie en ce 3ème millénaire, les préoccupations qui minent la jeunesse africaine continuent de paraître comme des cas dubitatifs au point de s'inquiéter des défis qui entourent cette tranche d'âge !

L'encadrement de la jeunesse africaine, en commençant par le redoutable défi de la prise en compte de cette jeunesse dans certaines instances de prise de décision, se pose avec acuité. Il se révèle comme un point saillant qui grossit, au jour le jour, les agendas ou les projets de société des gouvernements africains et des partenaires engagés dans les questions de développement de la jeunesse.

Comme les jeunes de tous les horizons du monde, les jeunes Africains se trouvent face aux grands défis en phase avec leur temps. Parmi lesquels : le difficile accès aux Nouvelles technologies de l'information et de la communication (NTC) ; le chômage ; la sous -éducation ; le VIH Sida et autres Maladies sexuellement transmissibles (MST) ; la migration clandestine et l'extrémisme violent en milieu jeune ; le trouble à la paix, à la sécurité et à l'ordre public ; etc.

Les questions ci-dessus évoquées plongent cette couche devant un miroir de réalités sombres, sinon de désarrois incontournables Parce que certains finissent par se sentir vaincus par la vie et se laissent entraîner dans des actes inciviques : prostitution, ivrognerie, cynisme, concupiscence, luxure, gloutonnerie, cupidité, envie, jalousie, fanfaronnade, prolifération des groupuscules nuisibles. A titre illustratif, au Burkina-Faso, la population juvénile, qui représente plus de 60 % de la population, est malheureusement victime du chômage. Cette situation grossit les rangs des jeunes désœuvrés. Ces intègrent naïvement les groupes de bandits ou de terroristes, qui sèment l'insécurité dans la bande sahélienne, où se développe toute forme de trafic illicite.

Cependant, ces pratiques ignobles ne seront pas éradiquées facilement par un coût de baguette magique. Chaque jeune néanmoins, devrait d'emblée s'efforcer à faire une certaine introspection, une espèce de mea-culpa. Naturellement pour se connaitre soi-même, pour exploiter rationnellement au mieux ses potentialités afin d'éviter un chaos fatal qui le conduirait à se haïr, d'haïr ses parents, les autorités de son pays toute son existence. Ce dernier devrait simplement s'efforcer à fournir des efforts par soit même pour se découvrir dans toutes les dimensions de sa personnalité [5].

---

[5] La connaissance de soi passe indéniablement par les prédispositions intellectuelles que possède chaque humain et qui mérite d'être exploitées ainsi qu'a su le dire saint Exupéry.

CHAPITRE II :
BREF APERÇU HISTORIQUE DE L'UNION PANAFRICAINE DE LA JEUNESSE

Organe de coordination des plateformes, Associations et Organisations représentatives de la jeunesse à l'échelle nationale, régionale et continentale en Afrique, l'Union Panafricaine de la Jeunesse jouit d'un statut consultatif auprès de l'Union Africaine.

Ayant le mandat des Etats, elle travaille en collaboration avec la Commission de l'Union Africaine sur les questions de développement de la jeunesse.

Le Mouvement Panafricain de la Jeunesse (MPJ) dont est issue l'Union Panafricaine de la Jeunesse a été créée le 26 Avril 1962 en Guinée Conakry où, il a gardé son siège jusqu'en 1967, moment au cours duquel le siège fut transféré vers Alger, en Algérie.

Le MPJ était alors composé des Organisations de jeunesse des partis politiques et des mouvements de jeunes africains engagés pour la libération de tous les pays encore sous l'emprise de l'administration coloniale.

Toutefois, au regard des mutations et processus politiques en cours à travers le continent ; la nécessité de transformer le Mouvement Panafricain de la Jeunesse devint urgente et indéniable.

Le 1er Congrès de l'Union Panafricaine de la Jeunesse eut alors lieu en 2003, à Windhoek en Namibie et il a pris la décision de transformer le MPJ en UPJ dont les membres sont généralement fonctionnaires des Etats ou membres des Conseils Nationaux de Jeunesse d'Afrique.

Dix-sept pays ont été élus durant ce Congrès à savoir : l'Afrique du sud, l'Algérie, l'Angola, le Congo Brazzaville, la République Du Zaïre, la République Centrafricaine, la Libye, le Mali, la Namibie, le Nigeria, le Sahara, la Sénégal, le Soudan, la Tanzanie, l'Ouganda, la Tunisie et le Zimbabwe.

Il faut noter que, le Secrétariat Général était composé des pays suivants : l'Angola, Secrétariat Général ; l'Algérie pays hôte du siège ; le Congo Brazzaville, la Libye, le Sénégal et la Tanzanie.

Au fil des années, l'institution a été confrontée à des difficultés financières et défis liés à sa visibilité et sa légitimité comme plate-forme continentale en charge des questions de développement de la jeunesse de notre continent.

Quoiqu'il en soit, l'Union a continué à mener ses activités en travaillant d'arrache-pied au point de sortir progressivement de l'auberge.

En 2006, *prenant faits et causes de l'apport significatif de cette couche sociale, l'Union Africaine, a adopté le 1er novembre de chaque année, jour de la transformation du MPJ en UPJ comme une journée africaine de la jeunesse. C'est d'ailleurs* la raison pour laquelle, cette journée a acquis une notoriété dans le calendrier des Gouvernements africains et est actuellement commémorée tous les ans dans toute l'Afrique.

Par ailleurs, partageant l'idée d'une revitalisation de l'Union Panafricaine de la Jeunesse ; la Division de la jeunesse de la Commission de l'Union Africaine au sortir du 26ème Sommet des Chefs d'Etat et de Gouvernement, tenu en 2006 à Malabo, s'engagea d'accompagner l'UPJ dans l'organisation effective et efficiente de ce processus capital d'où, la nécessité d'aller immédiatement vers un deuxième Congrès.

Tenu en 2008 au Congo Brazzaville sous l'égide de la Commission de l'Union Africaine, ce deuxième Congrès a débouché sur une série des réformes inhérentes au fonctionnement de l'Union entre autres : l'amendement des textes (statuts, Règlement intérieur, Plan d'action du mandat en cours) et le transfert du siège par un Etat disposé à l'accueillir.

La coordination des activités de l'Union Panafricaine de la Jeunesse a été confiée dorénavant à un Président assisté par cinq Vice-Présidents coordonnateurs des sous régions.

Le Secrétariat Général devait être dirigé par un Secrétaire Général et cinq Secrétaires Généraux Adjoints en charge de chaque sous-région d'Afrique. Parmi les pays représentés au Comité Exécutif, nous avions : le Nigéria à la tête de l'Organisation, l'Algérie, le Mali, l'Afrique du sud, l'Ethiopie et le Gabon tous comme Vice-Présidents.

L'Angola occupait le poste de Secrétaire Général, la Libye, le Sénégal, le Congo Brazzaville, le Soudan, le Djibouti et le Zimbabwe exerçaient au poste de Secrétaires Généraux Adjoints.

Aussi, ledit Congrès avait également pris la décision de délocaliser le siège de l'Union Panafricaine de la Jeunesse d'Alger en Algérie où, il est resté durant 42 ans avant d'être transféré à l'issue du 3ème Congrès Ordinaire organisé à Khartoum, au Soudan du 02 au 05 décembre 2011.

Le 4ème Congrès de l'Union Panafricaine de la Jeunesse a eu lieu à Johannesburg en Afrique du Sud en novembre 2014.

Au cours du mandat 2015-2018, le cinquième Congrès Ordinaire de l'Union Panafricaine de la jeunesse s'est déroulé dans la capitale de la République soudanaise à Khartoum, du 19 au 21 décembre 2017, pour une seconde fois à la demande des autorités soudanaises.

Ainsi, au cours de ce 5ème Congrès Ordinaire de l'Union Panafricaine de la Jeunesse, la configuration des Etats destinés à mettre en œuvre l'agenda de développement de la jeunesse africaine qui s'est présenté comme suit :

Présidence, République Démocratique du Congo ;Vice –Présidence Afrique de l'Ouest Niger ; Vice-Présidence Afrique du Nord Egypte ; Vice-Présidence Afrique Centrale Gabon ;Vice-Présidence Afrique Australe ; Madagascar Vice-Présidence Afrique de l'Est poste vacant ; Vice-Président Diaspora ADYNE Belgique ; Secrétaire Général Mali ; Secrétaire Général Adjoint Afrique de l'Ouest Ghana ; Secrétaire Général Adjoint Afrique du Nord Maroc ; Secrétaire Général Adjoint Afrique Centrale Centrafrique ; Secrétaire Adjoint Afrique de l'Est Ouganda ; Secrétaire Général Adjoint Afrique Australe vacant ; Secrétaire Général Adjoint pays Diaspora ADYNE Belgique ; Secrétaire Général Adjoint pays hôte Soudan.

Ce Comité entrant de l'Union Panafricaine de la Jeunesse pour la période qui court de 2018 à 2020 a été jugé illégitime par l'Union Africaine à l'issue des délibérations d'un scrutin qui n'a quasiment point fait l'unanimité de la jeunesse africaine lequel, manquant d'unanimité a été rattrapé par une vague de pétitions venues de plusieurs associations et sanctionnée en dernier ressort par une déclaration de la Commission du l'Union Africaine. C'est une déclaration de l'Union Africaine qui a fustigé ces pratiques empruntées par une jeunesse censée de donner l'exemple et faire la fierté de demain dans son programme merveilleux mentionné dans l'agenda 2063.

Pour sauver les meubles de l'Union, les Conseils Nationaux de jeunesse d'Afrique et certains anciens animateurs de cette structure juvénile ont émis le souhait d'un nouveau plébiscite.

Il aurait fallu de sérieuses tractations et de fortes pressions pour amener certains jeunes voulant prendre cette structure en otage au détriment de la volonté de la majorité avide d'un nouveau congrès extraordinaire cette fois-ci, sans exclusif et observé par la Commission de l'Union Africaine et autres partenaires impartiaux.

Au-delà, des écueils sinon des difficultés auxquelles, l'Union a rencontré dans son fonctionnement idoine ; la question du transfert tantôt évoquée timidement lors de certaines réunions du Comité Exécutif devenait perceptible.

La dernière élection tenue à Rabat au Maroc en 2021, a jugé opportun de mettre sur la table des autorités marocaines la question du transfert du siège mieux, de son secrétariat général, de Khartoum à Rabat où, l'équipe entrante continue de travailler pour l'avancement de l'agenda de développement en faveur de la jeunesse africaine.

DEUXIEME PARTIE :

PROCESSUS D'ADOPTION DE LA CHARTE AFRICAINE DE LA JEUNESSE

Partant de la mise en place de la Charte africaine de la jeunesse, du Plan Stratégique de la Commission de l'Union Africaine pour la période 2004-2007, de la volonté manifeste des Chefs d'Etat et de Gouvernement de l'Union Africaine affichée lors du Sommet de 1999 à Alger en Algérie, un regard attentif est dorénavant porté sur cette couche sociale africaine.

En effet, le progrès de l'Afrique pense-t-on désormais ne peut être concrétisé que si un investissement adéquat est consenti dans cette jeunesse qui constitue actuellement près de 70% de la population africaine[6] : car, il accorde un degré de priorité voulu au développement et à l'autonomisation de ladite couche.

Plusieurs réunions ont été entreprises pour mettre en place des cadres idéaux qui permettraient à celle-ci de se mouvoir et de s'autodéterminer. La division de la jeunesse de la Commission de l'Union Africaine avec le soutien du Président de l'Union Africaine, Son Excellence Alpha OMAR KONARE ont de ce fait, eu une louable initiative de

---

[6] Coopération Afrique-Europe de la jeunesse, série de Déclaration et principaux Documents adoptés par le mouvement de la jeunesse depuis 2007, page 84

réunir autour d'un grand forum, les jeunes leaders africains en 2006 à Addis Abeba en Ethiopie [7].

Par ailleurs, ce document a également saisi l'attention des Ministres en charge des questions de la jeunesse (COMY IV), qui se réunissaient en marge de la réunion des jeunes dans les mêmes locaux de l'Union Africaine. C'est à l'occasion de cette première rencontre que les Ministres de la jeunesse vont réitérer leur engagement et marteler sur la nécessité de persuader les Chefs d'Etat et de Gouvernement à accélérer ce processus salutaire.

Ainsi donc, entre 2006 et 2009, les Organisations de jeunesse du continent, les Ministres de la jeunesse des pays membres de l'Union Africaine avec l'appui de certains partenaires, se sont mobilisés pour obtenir la ratification de la Charte Africaine de la jeunesse par les Etats. Ce fut à Banjul en Gambie au mois de juillet 2006 pendant le 7ème Sommet des Chefs d'Etat et de Gouvernement que ledit instrument a finalement été adopté et ratifié par un groupe de pays présents à cette grande messe.

En août 2009, la Charte entrait ainsi en vigueur comme 15ème instrument juridique « selon les normes de l'Union Africaine ».

---

[7] La Charte africaine de la jeunesse non seulement offre aux gouvernements, à la jeunesse, la société civile et aux partenaires, un cadre continental qui précise les droits, les devoirs et les libertés de la jeunesse mais facilite également, l'élaboration des programmes et plans stratégiques nationaux et continentaux pour l'autonomisation des jeunes.

CHAPITRE I :

LA CHARTE AFRICAINE DE LA JEUNESSE PREMIER INSTRUMENT LEGAL D'AUTONOMISATION ET D'INTEGRATION DE LA JEUNESSE AFRICAINE

Après l'entrée en vigueur effective du 15ème instrument juridique de l'Union Africaine, une autre étape devait être franchie. L'appel à la ratification et à la mise en œuvre lancée par le collège des Chefs d'Etat et de Gouvernement de certains pays signataires de cet instrument, a tout de suite été suivi d'effets : puisque, nous avons assisté dans la foulée à une vague d'adhésions considérables des pays qui n'ont point voulu être en marge de cette dynamique qui apporte peu à peu gain de cause à nos sociétés en changeant radicalement la nature des rapports entre la jeunesse et les gouvernements des Etats africains.

Cependant, loin d'être une bataille gagnée d'avance ; les Etats parties de l'Union Panafricaine de la Jeunesse, par le truchement des ministères en charge des questions de développement de la jeunesse , devraient outre la ratification et la vulgarisation de cet instrument [8] ,voter un budget de fonctionnement pour le comité consultatif de la jeunesse de chaque Etat partie.

---

[8] Les budgets de fonctionnement alloués pour la politique nationale de la jeunesse s'avérant très capital, cela a permis aux Conseils Nationaux de Jeunesse de plusieurs pays d'Afrique de décliner en projets concrets des plans d'action de travail qui ont considérablement modifié les rapports et la perception d'irresponsabilité attribuée à l'Etat.

CHAPITRE II :

DE L'INITIATIVE A L'HARMONISTION DES CONSEILS NATIONAUX DE JEUNESSE ET CADRES ADDITIONNELS DE DEVELOPPEMENT DE LA JEUNESSE AFRICAINE

L'adhésion de la majorité des Etats Membres de l'Union Africaine à la formation des Conseils Nationaux de Jeunesse s'est révélée comme une phase cruciale au sortir du sommet de Moncton (Nouveau Bruwinsk), au Canada en septembre 1999.

La précipitation en masse vers la mise en place de ces structures de développement et garantes des droits de jeunes a été très salutaire durant un certain moment. Cet engouement pouvait se faire remarquer par l'adhésion de plusieurs Etats à travers l'adoption des décrets présidentiels promulgués aux parlements.

Cet instrument bénéfique nouvellement introduit dans l'agenda des politiques nationales de jeunesse n'a tout de même pas épargné certains Etats de leur scepticisme, puisque jusqu'à ce jour, il existe encore des pays qui ne se montrent pas du tout prêt à s'embarquer dans cette dynamique qui néanmoins a beaucoup apporté aux Etats sinon, continue d'apporter gain de cause à nos Etats, quoique cela ne se dit jamais assez ou ne peut facilement être accepté par la populace ou les afro-pessimistes.

Toutefois, signalons qu'il existait déjà dans certains pays, des structures nationales de jeunesse sous une autre appellation. Pour s'en convaincre, nous pouvons évoquer les cas de la Fédération Nationale de la Jeunesse Soudanaise (NFSY), du Conseil Consultatif de la Jeunesse du Benin (CCJB) et du Conseil Consultatif de la Jeunesse du Congo (CCJC).

Au fil du temps, la dynamique s'est harmonisée, certains pays ont adopté l'appellation de Conseil National de la Jeunesse. C'est le cas de la Côte-d'Ivoire qui avait mis en place un Conseil National de la Jeunesse à l'issue d'un Congrès organisé en janvier 2016, en présence des représentants du Ministère de la Jeunesse et des Sports de ce pays.

Les objectifs de vulgarisation ayant produit des effets escomptés, certains Etats ont ensuite voté des budgets, pour booster les politiques nationales de jeunesse de leurs pays. L'Union Africaine et les partenaires au développement ont tout de même apprécié cette énième avancée au profit de la jeunesse du continent.

Ces budgets de fonctionnement qui sont désormais alloués annuellement, en vue d'accompagner les programmes des jeunes, serviront d'identifier au moyen des rencontres citoyennes ou réunions jeunes des thématiques distinctes et censées d'être alignées pour la cause des préoccupations des jeunes dans les actions annuelles, trimestrielles, etc. Les jeunes d'Afrique Australe ont organisé un séminaire à cet effet.[9]

Ces structures d'amortissement, facteurs de plusieurs malaises susceptibles de fragiliser sinon de remettre en cause l'ordre public d'un Etat, les Conseils Nationaux de jeunesse, ont facilité plusieurs tâches : ils ont souvent servi de médiateur principal et légal entre les Etats et les

---

[9] Séminaire sous régional du 29 avril 2010 Luanda en Angola sur les politiques de jeunesse et la Charte Africaine de la Jeunesse en Afrique Australe op.cit.

mouvements de jeunesses (estudiantines, mouvements de pression, groupes thématiques, etc.), puisque leurs objectifs s'inscrivent dans la même veine que celle des associations de la société civile. C'est d'ailleurs, la raison pour laquelle, les adhésions à la Charte Africaine de la Jeunesse doivent être perçues comme des premiers pas voire, des défis majeurs que les Etats en marge de cette dynamique doivent impérativement relever, pour non seulement garantir les droits des jeunes mais aussi dissiper ce sentiment de cantonnement dépourvu de droits fondamentaux vivement attendus par cette couche sociale.

Ayant réalisé la pertinence jouée par la Charte Africaine de la Jeunesse, aucun Etat ne devrait se montrer sceptique. Au contraire tous les Etats devraient veiller à la mise en œuvre des dispositions prévues dans ce document commun.

Certes, l'adoption d'un instrument de cet acabit nécessite forcement au préalable une analyse rationnelle de forme et de fond. Cependant, au regard des avancées observées, dans plusieurs Etats africains, la satisfaction apportée par ce cadre juridique de la jeunesse est fondamentale.

Il est également important de notifier que la Charte africaine de la jeunesse, n'est point le seul instrument légitime et légal adopté dans les hautes sphères de prise de décisions pour faire avancer l'agenda de la jeunesse ; bien d'autres viennent conforter davantage encore ce cadre de protection et d'accompagnement des jeunes à une vie plus ou moins raisonnable.

TROISIEME PARTIE :

L'UNION PANAFRICAINE DE LA JEUNESSE : ORGANISATION FAITIERE DE TOUTES LES ORGANISATIONS DE JEUNESSE EN AFRIQUE

CHAPITRE I :

MISSIONS ET OBJECTIFS DE L'UNION PANAFRICAINE DE LA JEUNESSE

L'Union Panafricaine de la jeunesse travaille pour la réalisation des idéaux et objectifs de l'Union Africaine à savoir : l'unité, la paix, la démocratie, le développement durable et l'intégration africaine.

Elle poursuit tout de même les objectifs suivants :

- s'efforcer d'informer, de mobiliser et de renforcer les capacités des jeunes africains, afin qu'ils puissent devenir acteurs dans le processus de développement économique, social, politique ainsi que culturel du continent ;
- contribuer au progrès des processus de développement démocratique en Afrique sans porter atteinte aux dividendes acquis par le continent ;
- veiller au respect et à la mise en œuvre de la Charte Africaine de la jeunesse ainsi que d'autres instruments développés par l'Union Africaine, particulièrement ceux en faveur de la jeunesse ;
- servir d'interlocuteur auprès des Communautés Economiques Régionales, de la Commission de l'Union Africaine et des Agences du Système des Nations Unies ainsi que d'autres partenaires pour les questions liées à la jeunesse en Afrique [10]

---

[10] En substance, l'Union Panafricaine de la jeunesse mène des plaidoyers auprès des gouvernants et partenaires en charge des questions de développement de jeunesse.

- développer et renforcer le partenariat avec les Organisations non gouvernementales nationales, Régionales et Internationales ainsi qu'avec la société civile africaine de la jeunesse.
- renforcer, diversifier et consolider le partenariat et la coopération internationale au sein du mouvement associatif des jeunes.

CHAPITRE II :

ETATS PARTIES DE L'UNION PANAFRICAINE DE LA JEUNESSE ET D'AUTRES STRUCTURES AFFILIEES

En réalité, au cours de la grande entrevue des ministres en charge de la jeunesse organisée au Canada en 1999, une excellente décision a été prise pour la mise en place des Conseils Nationaux de jeunesse, lesquels serviraient de cloison étanche entre le gouvernement et la jeunesse sur certains Etats, non seulement à relever mais surtout à prévenir.

Aussi, après l'entrée en vigueur de la Charte Africaine de la Jeunesse en août 2009, l'on pouvait assister à l'enthousiasme affiché par les pays pour la mise en place des Conseils Nationaux de jeunesse.

Désormais, avec cet organe de travail, toutes les attentes étaient tournées vers l'adoption des politiques nationales de jeunesse destinées à prendre en compte toutes les dispositions énumérées dans la Charte.

Les appels lancés par la Commission de l'Union Africaine sur la vulgarisation de la Charte Africaine de la Jeunesse, ont très vite été entendus par certains pays en l'occurrence, la Namibie, le Congo Brazzaville, le Gabon, le Mali, le Sénégal, etc.

Les activités se succèdent l'une après l'autre au point d'atteindre un auditoire juvénile plus large et désormais convaincu de la prise en compte de ses droits par les gouvernants. Par exemple, les appuis financiers relatifs aux problématiques nationales de la jeunesse ont été exécutés par les gouvernements des Etats suivants : l'Afrique du sud, le Gabon le Congo Brazzaville, le Sénégal et la Namibie. Ensuite, entérinés en session de conseils des ministres.

En septembre 2017, un budget a été adopté en conseil des ministres pour renforcer la politique de citoyenneté du conseil national de la jeunesse du Mali dans sa politique [11]. Cet engagement important est venu renouveler et dynamiser la confiance que la jeunesse malienne accorde sur l'autorité de l'Etat via son ministère de la jeunesse et de la construction citoyenne.

Mais, il y a aussi lieu de s'abstenir provisoirement en soulignant que malgré, ces engagements pris à certains endroits, jusqu'à ce jour, sur les 55 pays membres de l'Union Africaine ; seulement 42 ont signé, 36 ont ratifié et 36 ont adhéré [12].

Lors de la commémoration des dix ans d'anniversaire de la Charte Africaine de la Jeunesse à Banjul, les 21 et 25 mai 2016, la préoccupation de la Commission de l'Union Africaine sur le nombre de pays ayant manifesté l'intérêt à parachever tout le processus était perceptible.

En dépit du fait que certains pays aient fourni des efforts considérables à vulgariser la Charte au point de la faire approprier aux populations ; il n'en demeure pas moins que, le bilan à mi-parcours dressé d'une part par la Commission de l'Union Africaine, et d'autres part par l'Union Panafricaine de la Jeunesse, sur l'intérêt des pays concernant l'adhésion et les activités de sensibilisation de cet instrument primordial dédié à la jeunesse africaine, nous laisse quelque peu dubitatif.

---

[11] Budget d'autonomisation et de mise en œuvre de la politique de citoyenneté en faveur de la jeunesse malienne.

[12] . Liste des pays ayant signé, ratifié et adhéré à la Charte Africaine de la Jeunesse.

Les Etats membres de l'Union Africaine ont considéré Banjul +10 comme une plate-forme de réengagement à la Charte Africaine de la Jeunesse[13].

Suite à ce faible engagement des Etats, il a été demandé aux Ministres de ce département de fournir des rapports sur l'implication de tous les pays à la prochaine réunion des Ministres du Comité Technique Spécialisé sur la Jeunesse, la Culture et les Sports de la Commission de l'Union Africaine (CTS) , pour s'enquérir réellement des efforts et avancées faites par les Etats dans le cadre de l'adoption et de la mise en œuvre de la charte africaine de la jeunesse tel voulu par l'Union Africaine et les partenaires de développement de la jeunesse.

II.1.Les structures membres et affiliées à l'Union Panafricaine de la Jeunesse

Ainsi, que toute institution soucieuse de diversifier les partenaires et renforcer ses liens avec d'autres structures évoluant dans les mêmes champs d'action, l'Union Panafricaine de la Jeunesse entretient d'excellents partenariats avec plusieurs Organisations de jeunesse évoluant dans des domaines diversifiés.

Les premières structures privilégiées de l'Union Panafricaine de la Jeunesse sont : les Conseils Nationaux de Jeunesse d'Afrique qui, travaillent en étroite collaboration avec les ministères de jeunesse auprès desquels ils ont un statut particulier selon que, l'on se trouve dans tel ou tel pays.

Dans la plupart des pays, il existe les Conseils Nationaux de jeunesse qui sont l'interlocuteur direct de la

[13] Rapport relatif aux dix ans de commémoration de la Charte Africaine de la Jeunesse.

jeunesse auprès du Gouvernement. Il en est de même ailleurs, où les structures de jeunesse sous d'autres appellations jouent le même rôle que le Conseil National de la Jeunesse.

Le Benin et la Côte-d'Ivoire à l'époque ont fonctionné sous ce model dont les objectifs sont similaires à ceux d'un Conseil National de Jeunesse. Ces plateformes de coordination du mouvement associatif national sont considérées de facto comme des membres de plein droit.

Outre, les Conseils Nationaux de Jeunesse, l'Union Panafricaine de la Jeunesse entretient également des rapports privilégiés avec le Réseau des Jeunes de la diaspora africaine en Europe (ADYNE), et le Forum européen de la Jeunesse (YFJ), les Organisations régionales à caractère thématique et d'autres ayant des membres dans au moins vingt pays d'Afrique.

La dernière catégorie est celle des observateurs représentés par les ministères et ou les structures d'Etat en charge de la jeunesse [14].

3.5 Les Etats non signataires de la Charte Africaine de la Jeunesse et le risque d'égarement de la jeunesse

L'acte constitutif de l'Union Africaine et le Plan stratégique de la Commission de l'Union Africaine pour la période 2004-2007 soulignaient l'importance et la participation de la jeunesse dans le développement du continent. Il accordait le degré de priorité voulu au développement et à l'autonomisation de la jeunesse.

---

[14] Les membres observateurs ont seulement le droit de participer aux réunions des instances de l'UPJ ; ils n'ont pas le droit de voter ou d'appartenir à des commissions. (Article 7...) Charte Africaine de la Jeunesse

En effet, il est évident jusqu' aujourd'hui, de reconnaitre que la renaissance de l'Afrique ne peut être concrétisée si un investissement adéquat est consenti dans la jeunesse qui constitue quasiment 70% de la population africaine[15]. Sa ratification et sa mise en œuvre par une panoplie d'Etats, ont favorisé de grands changements constatés sur les réflexions et les réponses données durant la tenue des entrevues sur des thématiques précises[16].

Cependant, en dépit de cette avancée historique ; nous constatons malheureusement avec amertume qu'il existe encore des Etats qui ont juste flairé sinon amorcer ce processus ; d'autres n'ont même jamais pris l'engagement.

A dire vrai, ne pas porter actuellement une attention particulière sur la jeunesse ou ne pas l'impliquer à certaines sphères de décisions revient à remettre en cause sinon à violer les cadres juridiques qui garantissent les droits de ces derniers dans un Etat. Une telle négligence pourrait conduire au retour de la manivelle.[17]

Le relâchement des textes ou le non adhésion orienté vers l'application des obligations des jeunes peut hélas conduire inévitablement à diverses situations susceptibles de menacer ou remettre en question la paix ou l'ordre public. Dans les programmes de développement de plusieurs Etats africains ; l'accession à l'émergence raisonne comme un

---

[15] Pour matérialiser cet engagement au développement de la jeunesse africaine, l'Union Africaine a élaboré, depuis lors, un cadre d'orientation sous forme de la Charte africaine de la jeunesse qui prescrit aux Etats membres des responsabilités au développement de la jeunesse africaine.

[16] La première Université Africaine de la Jeunesse et du Développement de Tarrafal du 12 au 19 juin 2009 et du deuxième Sommet Afrique-Europe de la Jeunesse de 2014 tenu en marge du Sommet Europe –Afrique à Bruxelle s.

[17] Entretien du 20 octobre 2015 avec Monsieur Amady Gansiry Bathily, Conseiller Technique au Ministère de la Jeunesse et de la Construction Citoyenne du Mali.

leitmotiv et un défi majeur à atteindre pour non seulement accroitre la croissance économique en récession à cause de la crise globale mais aussi pour enjoliver davantage ou doter certaines villes africaines des infrastructures modernes.

QUATRIEME PARTIE :

LES FAILLES ISSUES DE L'ORGANISATION ET DU FONCTIONNEMENT DE L'UNION PANAFRICAINE DE LA JEUNESSE

CHAPITRE I :

LES ETATS NON SIGNATAIRES DE LA CHARTE ET LE REEL RISQUE D'EGAREMENT

L'Acte constitutif de l'Union Africaine et le Plan Stratégique de la Commission de l'Union Africaine pour la période 2004-2007, soulignaient l'importance et la participation de la jeunesse dans le développement du continent. Il accordait le degré de priorité voulu au développement et à l'autonomisation de la jeunesse. En effet, il est évident jusqu'à ce jour de reconnaitre que la renaissance de l'Afrique ne peut être concrétisé si un investissement adéquat est consenti dans la jeunesse qui constitue quasiment une couche importante de la population africaine. [18]

La ratification et la mise en œuvre de la Charte africaine de la jeunesse par une panoplie de pays a favorisé de grands changements constatés sur les réflexions et les réponses apportées durant la tenue des entrevues sur des thématiques précises [19].

Cependant, nonobstant cette avancée historique ; nous avions constaté avec amertume qu'il existait encore des

---

[18] . Coopération Afrique-Europe de la jeunesse, série de déclarations et principaux documents adoptés par le mouvement de la jeunesse depuis 2007, page 84.

[19] La Charte africaine de la jeunesse non seulement offre aux gouvernements, à la jeunesse, à la société civile et aux partenaires un cadre continental qui fixe les droits, les devoirs et les libertés de la jeunesse mais , facilite également, l'élaboration de programmes et plans stratégiques nationaux pour l'autonomisation des jeunes.

Etats qui juste avaient amorcé sinon flairé le processus ; d'autres n'avaient jamais pris ne fut-ce que l'engagement.

A dire vrai, ne pas porter en ce moment une attention particulière sur cette couche juvénile moins encore ne pas l'intéresser dans son environnement juridique remettrait en cause mieux, violerait les cadres juridiques garantissant les droits et devoirs de celle-ci. Une telle négligence me semble-t-il, pourrait conduire à un retour de la manivelle[20].Le non-paiement des contributions statutaires pour le bon fonctionnement de la structure a souvent été un véritable casse-tête auquel l'UPJ a malheureusement fait face.

[20] . Les budgets de fonctionnement alloués pour la politique nationale de la jeunesse s'avérant très importants , ont permis aux conseils nationaux ou aux conseils consultatifs de jeunesse de plusieurs Pays d'Afrique de décliner en projets concrets des plans d'action de travail qui ont considérablement modifié les rapports et la perception entre les gouvernants et la jeunesse.

CHAPITRE II :

LA JEUNESSE AFRICAINE LEVIER DE DEVELOPPEMENT OU UNE BOMBE A RETARDEMENT

Dans le processus d'évolution des sociétés, les générations sont naturellement investies d'une mission qu'ils doivent normalement accomplir au gré des circonstances et du temps afin de léguer la place aux générations à venir qui continueront à influencer les institutions de la république comme le confirme Franz FANON dans cette assertion : *« ... A chaque génération une mission est dévolue, soit elle la trahie, soit elle la réussi »*.[21]

En un mot comme en mille, nous comprenons aisément que la jeunesse constitue, à cet effet, la relève mieux l'avenir ou le devenir d'une nation dont les dispositions doivent être prises très vite à la base c'est-à-dire, dès l'adolescence.

Réalisant donc que, l'espoir d'un pays réside en partie dans les potentialités que la jeunesse peut apporter concrètement dans tous les secteurs de la vie active. Certains Etats ont vite pris des engagements en mettant au centre de leurs priorités, la jeunesse. C'est pourquoi, les Etats en marge de la Charte africaine de la Jeunesse doivent hâter les pas pour intégrer cette dynamique raisonnable, rationnelle et adaptée à cette époque contemporaine.

---

[21] .Les visions peuvent sembler diamétralement opposées, d'une génération à une autre ; l'important est de bien faire entremêler les initiatives et bien les décliner en projets concrets pour leur insertion .

Seulement, la configuration mieux le tableau que présente cette couche sous certains horizons laisse à désirer puisque, accablée par la précarité, la déviance, le désœuvrement, le jeune africain au fil des temps livre un combat sans merci contre le quotidien difficile, qui lui impose souvent un rythme de vie incompatible avec ses attentes voire même ses aptitudes d'où, une certaine désorientation qui peut conduire à un dépaysement total de toute sa vie.

Certes, qu'il est évident que les défis sont quasiment les mêmes. Cependant, les situations et implications diffèrent selon que l'on observe les efforts fournis par tel ou tel Gouvernement sur les politiques de développement en faveur de cette couche juvénile.

Au demeurant, il faut estimer que les deux tiers de la population africaine à moins de 30 ans et plus de la moitié à une moyenne d'âge de 21 ans[22]

En tout état de cause, les enjeux demeurent de véritables harengs qui rangent les souliers des jeunes même des autorités elles-mêmes.

Avec plus de 60 % de chômeurs, la question de l'emploi semble plus criarde dans certains pays d'Afrique à tel enseigne que les jeunes ont l'impression d'être méprisés par la société ou oubliés par les gouvernants. En République Démocratique du Congo précisément dans la province de Matadi, certaines jeunes fautes d'emplois sont obligés de se tourner vers des assemblées religieuses pour se retrouver momentanément afin de gagner leur vie sans lendemain meilleur. [23]

---

[22]. Ces chiffres mettent en exergue une réalité démographique qui fera de l'Afrique très prochainement une zone géographique ayant une main d'œuvre plus nombreuse que celle de l'inde et de la chine.

[23] . Article sur la situation générale de l'emploi en Afrique.

Ces nouvelles « industries », sont hélas de véritables lieux d'exploitation et d'escroquerie qui ne font qu'empirer la situation socio-économique voire sécuritaire du pays.

Considéré comme le levier de tout, le manque de politique d'industrialisation d'une diversification forte des économies entretenues par les pays du nord a empêché certains pays surtout du sud à émerger réellement. Puisque lorsque certains s'engagent à avancer, le regard inquisiteur des champions de la mondialisation tirent les ficèles pour sauvegarder le leadership. « Ce sont les forts qui mènent le jeu, reléguant ainsi les plus faibles à la périphérie ».[24]

Ces rapports rapportent certes quelques bonnes initiatives d'intérêt général susceptible de faciliter l'intégration et ouvrir un grand marché d'emploi pour la jeunesse. Mais la détérioration des termes de l'échange étant omnisciente, les économies africaines surtout au sud du Sahara ont du mal à décoller comme il se doit.

Par ailleurs, l'autre défi qui range cette couche sensible est la formation. Quoique adaptée avec certains programmes internationaux applicables et idoines dans certains secteurs ; nous constatons avec amertume une certaine inadéquation entre formation et emploi.

C'est souvent ceux qui optent pour des formations qualifiantes qui travaillent plus vite et gardent cet emploi jusqu'à la retraite parce que, intégrés par l'Etat.

Cependant, ceux qui ont opté pour les formations diplômantes attendent souvent longtemps. Aussi, ceux qui ne se retrouvent pas facilement continuent de gérer le chômage ou encore décident parfois d'aller ailleurs, à la recherche d'un pâturage meilleur, traversant la Méditerranée souvent à leurs risques et périls. Selon les témoignages

---

[24] . Théophile OBENGA, Contrat social africain pour le 21ème siècle, collection sambella. Editions Ccnia Communication, 2007.

recueillis auprès des acteurs de la société civile, défenseurs des droits de l'homme collaborant avec les garde-côtes, cette traversée contraignante les place entre la vie et la mort. Cette ignoble réalité sociale entraine aussi, le départ de l'élite qui de nos jours avec l'austérité socio-économique secouant plusieurs pays du monde se transforme en rêve d'Angleterre.

S'il y a un autre écueil qui tourmente la jeunesse, c'est celui de la violence qui se réfère à une forme de comportement impersonnel dont l'aiguisement a été raté dès le bas âge. Par exemple, les résultats de l'enquête nationale effectuée en 2003 sur les victimes de la criminalité par l'Institut d'Etudes en matière de Sécurité en Afrique du Sud , nous édifient davantage à ce propos [25].

De même, l'enquête nationale sur la jeunesse menée en 2005 sur le traitement injuste des jeunes (Leoschut et Burton, 2006), a montré entre autres, que les jeunes étrangers surtout en Afrique du sud sont attaqués environ huit fois plus que les adultes qui sont également victimes de vols quatre fois plus que ces derniers.[26]

Face au paradoxe de la jeune plus-value dans ce processus de développement durable de l'Afrique, plusieurs instruments légaux ont été adoptés par les Etats pour canaliser mieux ou capitaliser les talents de la jeunesse africaine même si cela ne se dit pas assez dans certains milieux.

En réalité, ces initiatives passent également à travers plusieurs formes d'assistances et d'activités organisées et cofinancées par les partenaires au développement de la jeunesse africaine dont la volonté sur le terrain est manifeste.

---

[25] . Rapport sur l'état de la jeunesse africaine 2011 Op.cit. Page 43

[26] . Rapport sur l'état de la jeunesse africaine Op.cit. 2011 pages 43

Le Fonds des Nations Unies pour la Population et l'Organisation des Nations Unies pour l'Education, la Science et la Culture dont les stratégies de développement en faveur de la jeunesse africaine n'ont plus droit d'être citées.

La Charte Africaine de la Jeunesse reconnait donc les droits, les devoirs et les libertés énoncées par elle [27].

Ayant réalisé la pertinence jouée par la Charte Africaine de la Jeunesse, aucun Etat ne devrait se montrer sceptique ; au contraire tous les Etats devraient veiller à la mise en œuvre des dispositions prévues dans ce document précieux.

---

[27]. Charte Africaine de la Jeunesse, Des droits et devoirs article 1 page 4

CINQUIEME PARTIE :

L'IMPLICATION DE LA JEUNESSE , LES PERSPECTIVES D'INTEGRATION ET LES PLADOYERS MENES PAR L'UPJ

CHAPITRE I :

L'IMPLICATION DE LA JEUNESSE AFRICAINE DANS LE DEVELOPPEMENT DURABLE

Nonobstant certaines failles observées en défaveur de la jeunesse du continent ; il faut avouer que celle-ci peut jouer un rôle majeur si elle observe les indicatifs de développement ci-après :

I.1 La revalorisation des valeurs morales

Aux côtés des crises alimentaires, financières, économiques et énergétiques qui perturbent nos sociétés, il faut ajouter celles des valeurs morales.

La crise des valeurs morales engendre l'absence des repères, la conséquence directe du relâchement : du renoncement à l'effort, de la promotion de la paresse, des mauvais usages des techniques de l'information et de la communication, de la fuite des responsabilités parentales, de déviance sous toutes ses formes, et les mutations sociales non connues et maitrisées comme : tradition, mobilité et modernité etc…

Un tel laxisme conduit généralement au libertinage qui pose de graves problèmes à l'Etat en général et aux parents qui cherchent à régler le problème lorsqu'il a déjà atteint un niveau très difficile comme un feu qui nécessite des moyens et stratégies de mise en œuvre pour viabiliser ou sauver les milieux en détresse à l'image des sapeurs pompiers.

I.2 La Participation des jeunes à la citoyenneté

Le citoyen est celui qui est appelé à participer aux affaires de la cité et à respecter les règles d'un Etat.

Aussi, promouvoir la citoyenneté en faveur de notre jeunesse, c'est la faire accepter, la faire adopter, la faire entrer dans les habitudes : attitudes, comportements et qualités à travers les textes, les mécanismes et les actes.

De Rome à la fin du XVIII siècle, il n'y a pas eu de citoyennes exceptions faites des cantons helvétiques, il n'y a eu que des sujets.

Le concept évoluant, nous permet de circonscrire notre démarche sur une citoyenneté caractérisée par une prise de conscience de l'individu qui refuse de s'aligner sur la même mesure d'onde d'une perception passive pour s'engager, mieux de donner le meilleur de soi-même, en intégrant une structure de la société civile ou politique en vue, de servir son pays, sa circonscription bref partout où besoin sera.

Lorsque la jeunesse africaine aura surmonté les malaises étouffants ses valeurs et lorsqu'elle sera largement investie dans le milieu professionnel, notamment dans tous les secteurs de l'économie, réduisant ainsi considérablement le chômage et le sous-emploi à travers des initiatives innovantes d'entreprenariat, la conséquence directe sera celle de la présence des bons citoyens qui contribuent à un développement durable d'un Etat.

A ce titre, nous pensons qu'il est indispensable de travailler d'abord à renforcer la participation à l'animation de la vie publique qui passe inévitablement par une éducation citoyenne à travers les espaces offerts par la kyrielle d'organisations de la société civile dans divers domaines de développement mais aussi, à une éducation politique pour pouvoir et pendre part aux débats démocratiques au niveau des instances politiques que sont le parlement, les conseils communaux, municipaux et locaux, ainsi que le gouvernement et les différentes institutions nationales et des organismes internationaux .

De cette manière, cette jeunesse sera instruite et bien éduquée à la vie citoyenne et pourra pleinement jouer sa partition dans l'animation de la vie publique pour la sauvegarde de la paix dans notre continent.

La discipline et le respect aux actes législatifs observés par exemple par les citoyens ghanéens en général et en particulier par sa jeunesse inspirent et constituent un model palpable des résultats émanant d'une bonne éducation. [28]

I.3 Canalisation de la démographie galopante

Le paradigme du dividende démographique est actuellement l'un des concepts à la mode qui, met en exergue les liens entre la population d'un pays et son développement.

Il constitue une réponse aux défis démographiques qui se manifeste notamment, par une forte croissance démographique de plusieurs Etats africains alors que la croissance de son PIB évolue à un rythme assez faible et souvent affecté par certaines précarités parfois entretenues volontairement.

A parler front, le dividende démographique dans nos pays ne sera qu'un mirage ou une vue de l'esprit s'il n'y a pas une accélération de la baisse de la fécondité car, tout

---

[28] . Le document intitulé the Bull man diffusé sur la chaine nationale ghanéenne qui fustige la violence des hommes dans les ménages et l'autre sur l'importance ou non importance de la punition à l'école en sont très illustratifs.

commençant dans les mentalités humaines, c'est seulement dans les mentalités de ces mêmes mentalités humaines que doivent s'opérer des changements à travers des prises de conscience qui aideront sans nul doute aux économies de nos pays à évoluer convenablement avec certains avantages qui pourront les soulager.

La question démographique est cruciale pour l'avenir de l'Afrique. Personne n'en doute, même si les interprétations divergent, et cela s'explique par le rythme de croissance de la population depuis le milieu du XIX siècle qui est en effet unique dans l'histoire de l'humanité à l'échelle du continent et dans une langue durée[29].

Pour réaliser une transition de phénomène humain , les pays concernés doivent s'efforcer de fournir aux femmes et jeunes femmes des services et des informations en matière d'éducation à la procréation, à la maternité responsable et surtout à la planification familiale volontaire .[30]

Outre, cette croissance élevée de la population, nous constatons en sus de cela que, les conditions de vie de la majorité des populations ne sont pas dûment améliorées. Dans ces conditions, la croissance démographique est souvent en hausse tandis que, la transition démographique est restée lente.

En l'absence d'investissements accrus dans la planification familiale, de nombreux pays d'Afrique surtout

---

[29] . Contribution du Professeur Roland Pourtier au 8ème Festival de Grenoble

[30] . Dans les pays en développement, une femme sur quatre souhaite soit éviter une grossesse soit retarder ou espacer les naissances, mais n'utilise aucune méthode moderne de planification familiale. Ces femmes représentent près de 80% des grossesses non désirées. Une femme qui a les moyens de choisir le moment et l'espacement de ses grossesses sera plus susceptible d'avoir moins d'enfants et déterminera aisément la taille de sa famille.

subsaharienne pourront manquer leur occasion d'accélérer la croissance économique[31].

Pour s'en convaincre deux cas particuliers dont l'un expérimenté dans un Etat asiatique : la Thaïlande et l'autre dans un Etat africain : le Rwanda, nous ont laissé croire que, loin d'être une chimère ; l'accès à la transition démographique passe inéluctablement par une volonté manifestée par les autorités d'un Etat et par extension des familles largement informées et formées sur les bénéfices de ce paradigme très peu connu de l'opinion.

En effet, au cours des 40 dernières années, la Thaïlande est devenue une puissance économique en Asie du sud. Pour accéder à ce succès, elle a pris des mesures pour ralentir sa croissance démographique en élargissant l'accès à l'utilisation de la planification familiale volontaire[32].

Les changements rapides observés dans ce pays en matière de contraception et de fécondité illustrent l'une des plus belles réussites de la planification familiale en Asie. Ces réalisations spectaculaires sont dues à l'innovation et à l'engagement en faveur de la planification familiale volontaire au sein du ministère de la santé publique et représente un exemple des mesures qui sont nécessaires dans les pays qui peinent à atteindre leur transition démographique.

Dans la même perceptive, le Rwanda a fait des progrès significatifs pour réduire la fécondité et la mortalité infantile au cours de la dernière décennie. L'augmentation des investissements dans le système de santé a entrainé des

---

[31] . Communiqué de politique de gestion, par JAMES GRIBBLE ET JASON BREMNER, septembre 2012.

[32] . Entre 1970 et 1990, l'indice synthétique de fécondité est passé de 5,5 à 2,2 enfants par femme en âge de procréer .

améliorations rapides dans la survie de l'enfant et dans l'utilisation de contraceptifs modernes[33].

Ces progrès rapides laissent penser que le Rwanda est effectivement prêt à récolter un dividende démographique.

Cependant, un examen plus attentif de la pyramide des âges du pays et des projections de cette réalité sociale révèlent que des efforts considérables sont nécessaires. Même avec la baisse continue de la fécondité, le nombre de jeunes au Rwanda sera supérieur à la population en âge de travailler au cours des prochaines décennies.

L'Union Panafricaine de la Jeunesse a organisé un séminaire à Khartoum sur la nécessité et l'importance d'atteindre le dividende démographique et lors du Sommet Afrique-France organisé à Bamako en 2017, plusieurs ateliers parallèles se sont déroulés sous le label du Fonds des Nations Unies pour la Population et de l'Union Panafricaine de la Jeunesse.

---

[33] . La mortalité infantile a été divisée par deux : seulement dix ans et l'utilisation de la contraception moderne a plus que quadruplé. Aujourd'hui, les femmes ont en moyenne 4 ou 6 enfants et le nombre souhaité est tombé à 3.

CHAPITRE II :

LES PLAIDOYERS MENES PAR L'UPJ EN FAVEUR DE L'AUTONOMISATION DE LA JEUNESSE

En mémoire de la quatrième Conférence des Ministres de l'Union Africaine en Charge du développement de la Jeunesse (COMY IV), tenue le 11 juillet 2013 à Brazzaville sur le suivi du Sommet des Chefs d'Etat à Malabo sur l'accélération de l'autonomisation de la jeunesse africaine ; le Comité Exécutif de l'Union Panafricaine de la Jeunesse s'est résolument investi à poursuivre des activités favorisant le développement de cette couche sociale.

L'initiative de la mise en place d'un Haut Comité des Chefs d'Etat et de Gouvernement sur la jeunesse [34]a été perçue comme l'une des stratégies visant à parvenir à cette fin insatiable qui consiste à réunir autour d'un collège des Chefs d'Etat Africains qui vont arrêter d'un commun accord ce cercle qui au finish aboutira par l'adoption d'un Fonds consacré à la jeunesse africaine.

Ce fonds sera consacré à l'élaboration de plusieurs initiatives intégratrices qui apportera un changement relativement sensible et perceptible à travers plusieurs secteurs dont nous aurons l'occasion d'observer le cheminement et les signaux avant- coureurs à court, moyen et long terme.

Les échanges organisés entre l'Union Panafricaine de la Jeunesse et certaines autorités ont paru comme des

---

[34] . Les jeunes « africains » trouvent du travail, mais pas à des rémunérations souhaitées et sans la possibilité de perfectionner leurs compétences ou d'avoir une certaine sécurité de l'emploi.

moments confortés les grandes visions défendues sans cesse[35].

Revenant comme un leitmotiv à l'instar de l'emploi des jeunes ; la question du fonds dédié à la jeunesse africaine doit à notre avis être perçue comme une réponse immédiate non moins importante pour booster les économies et régler les problèmes réels qui rangent les jeunes africains en particulier.

« La Décennie de la Jeunesse Africaine 2009-2018 » s'inscrit bel et bien dans le droit fil de cette politique consentie par plusieurs Chefs d'Etat pour limiter les taux de chômeurs dans les pays ; lesquels taux pourraient avec le temps se révéler très néfastes au point de remettre en question la stabilité et la sécurité intérieure de ces Etats.

La réunion extraordinaire d'Ouagadougou sur la réduction de la pauvreté et l'emploi des jeunes a été une fois de plus une entrevue historique qui a marqué tout son intérêt et montré l'urgence d'intervenir sur la sempiternelle question de l'employabilité des jeunes jugée très sérieuse [36].

Dans la poursuite des politiques d'amélioration du quotidien des populations africaines en général et en particulier de la jeunesse, un document cadre extrêmement important a été adopté au bénéfice des populations africaines pour les 50 prochaines années, document très capital pour l'avenir du continent.

Touchant quasiment tous les domaines de la vie, ce dernier n'à, non plus, laisser en marge la question de la

---

[35] . Tous les États membres doivent faire avancer l'agenda et adopter des politiques et mécanismes en créant des emplois décents et des opportunités pour accélérer la décennie de la jeunesse 2009-2018 et le plan d'action de la promotion de l'emploi et de la réduction de la pauvreté de 2004 de Ouagadougou.

[36] . Agenda 2063, l'Afrique que nous voulons page 35 op.cit.

jeunesse, question prise à bras le corps par les Gouvernements africains. Il s'agit de l'agenda 2063.

Rappelant que l'agenda 2063 est *« un cadre stratégique partagé pour une croissance inclusive, un développement durable et une stratégie globale pour optimiser l'utilisation des ressources de l'Afrique au profit de tous les africains »*

Nous assistons donc, à une kyrielle de plans stratégiques certes bien conçus de bout en bout qui malgré, leur mise en œuvre donnent au finish l'impression d'une marche à reculant mieux, d'un éternel recommencement qui à mon avis devra s'enraciner et intégrer les modes de vies des populations surtout celles vivant dans les zones rurales. De cette manière, il serait effectivement facile et certain d'aboutir à des résultats escomptés avec impacts saisissants sur les économies, les systèmes d'éducation et sanitaire pour ne citer que ces deux points.

Souvenons-nous aussi, de l'agenda post-2015 notamment, sur la deuxième décennie de l'éducation de l'Union Africaine (2006-2015).

Si l'accès en particulier aux niveaux secondaire et tertiaire a été facilité et revu à la baisse par les autorités de certains pays africains ; ailleurs l'éducation surtout au niveau secondaire demeure un luxe réservé aux enfants d'une certaine classe sociale. Ce qui remet donc en cause, l'esprit des dispositions solennellement prises à ce sujet lors des grandes rencontres à l'échelle continentale.

II-1 L'UNION PANAFRICANE DE LA JEUNESSE ET SES EMPRUMTES DIPLOMATIQUES

En dehors des réunions statutaires du Comité Exécutif de l'UPJ, il faut retenir que de grands moments dont on pourrait qualifier certains de décisifs ont marqué l'histoire de cette structure.

Quoique la crise post-électorale de 2011 en Côte-D'Ivoire ait abouti à un dénouement sanglant, ce que personne n'a jamais souhaité ; la jeunesse africaine mobilisée autour de l'UPJ, a rédigé à cette époque conflictuelle une pétition appelant les protagonistes à la retenue pour régler cette crise par la voie diplomatique voire même à l'amiable[37].

Les jeunes étant non seulement les premières cibles des conflits, avions –nous vu comment la voie de la jeunesse, à travers l'Union Panafricaine de la Jeunesse a beaucoup porté pour influencer et obtenir non pas une cessation des hostilités mais un arrêt définitif des combats sur l'ensemble du territoire ivoirien.

Cet acte de bravoure a permis de comprendre le rôle prépondérant que la jeunesse peut toujours jouer dans la résolution d'un conflit fratricide.

Lors de la deuxième Réunion Ordinaire de la COMY IV qui, s'est déroulée à Brazzaville, les 09 et 11 juillet 2013 sous l'égide de monsieur le Directeur de Cabinet du Président de la République du Congo et de l'Union Africaine, les propositions émises par la délégation du Bureau de l'UPJ, ont non seulement fait l'objet d'intégration dans le communiqué final mais aussi, une disposition importante a été retenue pour associer l'Union Panafricaine de la Jeunesse dans la gestion du futur fonds africain pour le développement de cette population juvénile.

En prélude au Sommet des Chefs d'Etat et de Gouvernement Afrique –France, une réunion préparatoire a réuni du 31 octobre au 02 novembre 2013 à Bruxelles les

---

[37] . Elaboration d'une déclaration de sortie de la crise ivoirienne adopté par la CUA

jeunes de la plate-forme Afrique-Europe. Les liens séculaires qui unissent intimement les deux continents, ont favorisé l'installation de plusieurs infrastructures au développement de la jeunesse.

De même, au plan sécuritaire, nous pouvons relever les actions conjointes des émissaires européens aux côtés de ceux d'Afrique telle que, sur la corne du sahel comme jadis avec la supervision des échéances électorales au Niger qui se sont déroulées sur fond de tension mais ont finalement débouché sur une issue favorable.

Dans la quête permanente d'une paix durable dans la corne du sahel, l'Union Panafricaine de la Jeunesse a multiplié des forums sur la paix et la stabilité dont le 3ème forum tenu au Palais des Congrès du Niger qui remonte du 09 août 2017 notamment, sur la mise en œuvre de la résolution 2250 sur les jeunes, la paix et la sécurité en Afrique de l'Ouest et au Sahel.

Cette situation de la jeunesse du continent caractérisée par des paradoxes saisissants, des disparités extrêmes en termes de ressources économiques, technologiques, sociales et culturelles méritent une attention toute particulière de tous les dirigeants des Etats africains.[38]

Pour formaliser, mieux concrétiser ses actions, afin d'aller vers des issues durables pour le bien-être de la jeunesse africaine, une panoplie de plaidoyers a été engagée dans le cadre d'un accompagnement des efforts d'ores et déjà fournis par nos Etats et Organisations de développement de la jeunesse.

En mémoire de la quatrième Conférence des ministres de l'Union Africaine en Charge du développement de la

---

[38] Les jeunes « africains » trouvent du travail, mais pas à des rémunérations correctes et sans la possibilité de perfectionner leurs compétences ou d'avoir une certaine sécurité de l'emploi.

Jeunesse (COMY IV), tenue le 11 juillet 2013 à Brazzaville sur le suivi du Sommet des Chefs d'Etat à Malabo sur l'accélération de l'autonomisation de la jeunesse africaine ; le Comité Exécutif de l'Union Panafricaine de la Jeunesse s'est résolument investi à poursuivre des activités favorisant le développement de celle-ci.

L'initiative de la mise en place d'un Haut Comité des Chefs d'Etat et de Gouvernement sur la jeunesse,[39] a été perçue comme une des stratégies visant finalement à parvenir à cette fin insatiable qui consiste à réunir autour d'un collège des Chefs d'Etat Africains qui vont arrêter d'un commun accord ce cercle qui au finish aboutira par l'adoption d'un Fonds consacré à la jeunesse africaine.

Ce fonds sera consacré à l'élaboration de plusieurs initiatives intégratrices qui apportera un changement relativement sensible et perceptible à travers plusieurs secteurs dont nous aurons l'occasion d'observer le cheminement et les signaux avant- coureurs à court et moyen terme.

Les échanges organisés entre l'Union Panafricaine de la Jeunesse et certaines autorités ont paru comme des moments solennels qui ont conforté la constance des grandes visions défendues sans cesse. Revenant

II.2 La jeunesse dans le processus de paix et de stabilité

La paix tant recherchée au cours de grandes entrevues paraît actuellement comme le leitmotiv des spécialistes de relations internationales recherchée au prix de plusieurs efforts.

[39] Décision du Conseil Exécutif sur la mise en place du Fonds Africains pour le développement de la jeunesse, Doc.EX.CL /974(XXIX) adoptée à Kigali, au Rwanda, en juillet 2016.

Facile à être troublée ; le retour à une paix durable a souvent été un long processus de longue à laine dont les tractations exigent des moyens colossaux et des contours complexes pour parvenir à un de véritables consensus entre les protagonistes.

Toutefois, la jeunesse étant la cible principale de cette instabilité ; c'est effectivement aussi grâce à cette même cible juvénile vulnérable à pareil circonstances, qu'un dénouement réel et définitif est trouvé pour restaurer l'ordre public souhaité. Nous comprenons à cet effet, qu'il ne peut y avoir de développement durable sans paix et sécurité.

Par exemple, des décennies de conflits armés et troubles ont quasiment détruit les institutions et territoire de l'Afghanistan. Bien que le pays ait un nouveau gouvernement et une nouvelle constitution, il continue à faire face à de grands défis en termes de développement durable.

Un de ceux-ci est de savoir comment garantir le droit à l'éducation et à l'instruction aussi bien pour les femmes que pour les hommes de cette couche.

Les programmes de démobilisation, désarmement et réinsertion des ex-combattants, souvent initiés dans certains pays post-conflits d'Afrique ne donnent pas assez bien les résultats escomptés parce que, les classifications faites parmi ces ex jeunes combattants n'ont aucun suivi conséquent à long terme, et n'encadrent pas les jeunes censés être épargnés des dangers publics.

Un environnement instable et fréquentable même à des heures tardives, nous pousse à comprendre aisément que tout n'a pas été mis en musique en vue d'un développement durable au sens strict du terme.

Par conséquent, nous assistons que dans les autres secteurs, des défis très appréciables consistant en la résolution des problèmes environnementaux, à la réhabilitation et à la gestion des ressources naturelles du pays sont bien ficelés.

CHAPITRE III :
LE FONDS DE DEVELOPPEMENT POUR LA JEUNESSE AFRICAINE

Lors de la quatrième Session Ordinaire de la Conférence des Ministres de l'Union Africaine en charge du Développement de la Jeunesse (COMY IV) actuellement connue sous l'appellation de Comité Technique Spécialisé sur la Jeunesse, la Culture et les Sports de l'Union Africaine[40]qui a eu lieu du 12 au 14 septembre 2012 à Addis – Abeba , les ministres ainsi leur expert ont participé activement à l'important débat sur l'autonomisation et l'emploi des jeunes dans le cadre du suivi des recommandations du Sommet de Malabo sur le thème : « ***Accélérer l'autonomisation des jeunes pour un développement durable*** ».

Il était question d'examiner diverses questions concernant le développement des jeunes, les conditions à réunir pour réussir les initiatives d'affaires pour les jeunes. C'est d'ailleurs la raison pour laquelle, le Président en exercice de la COMY IV, l'ancien Ministre de la Jeunesse et de l'Education du Congo Brazzaville monsieur **Anatole Collinet MAKOSSO** en visite de travail en Ouganda a échangé avec son homologue Ougandais sur la nécessité de créer un fonds africain de la jeunesse. Celui-ci, servirait de catalyseur dans la réalisation de l'intégration régionale afin que le financement intéresse les projets transfrontaliers conçus par les jeunes et pour les jeunes de plusieurs Etats intégrant la vision de la Charte Africaine de la Jeunesse.

---

[40] . Conférence des Ministres de l'Union Africaine sur la Jeunesse qui eut lieu à Addis-Abeba du 12 au 14 septembre 2012.

Voulant sans doute aller dans le même sillage, l'Union Panafricaine de la Jeunesse rappelle aux Etats de réitérer leur engagement sur la création du fonds alloué à la jeunesse africaine pour des raisons d'ordre multiple entre autres : la promotion des jeunes entrepreneurs africains ; la vulgarisation de la Charte Africaine de la Jeunesse ; le renforcement des capacités et la mise en place d'un réseau des jeunes volontaires africains allant dans le sens de la formation qualifiante pour une intégration socioprofessionnelle digne de ce nom.

Le 29ème Sommet des Chefs d'Etat et de Gouvernement de l'Union Africaine qui s'est tenu sous le thème *« tirer pleinement profit du dividende démographique en investissant dans la jeunesse »,* a finalement lancé un signal fort de prise en compte des attentes des jeunes de notre continent.

Ce rapport vivement attendu et présenté par le Président du Tchad ***Idriss Deby Itno***, champion du thème de l'année 2017 sur la jeunesse a permis de rendre compte des recommandations salutaires formulées lors du Sommet de Ndjamena.

Au cours de cette grande rencontre des chefs d'Etat de Djamena, ce fonds africain arrêté pour la jeunesse et adopté en plénière collégialement par l'ensemble des Chefs d'Etat et de Gouvernement a suscité un grand soulagement au sein des représentations des jeunes, car pour un fonds de départ, l'Union Africaine a adopté 1% de son budget, soit 7 millions de dollars américains.

V.1 Promotion de l'entreprenariat des jeunes africains

L'entreprenariat est un secteur qui contribue à la croissance économique d'un Etat car, les avantages qu'il apporte permettent d'augmenter non seulement la concurrence du marché de l'emploi mais aussi, combat également le chômage devenu comme endémique dans certaines parties d'Afrique et surtout avec les flux massives des populations quittant les centres ruraux pour les zones urbaines à la quête d'un emploi. Pour le cas de l'Afrique où les taux de chômage double du jour le jour et notamment chez les jeunes qui se disent vaincus par la vie un accompagnement dans la création des très petites, petites et moyennes entreprises se révèle comme l'option principale pour redonner espoir à cette couche vulnérable.

Aussi, étant donné que la plupart des Etats africains n'ont point encore développé assez d'entreprises véritablement industrialisées, il est clair que l'accent doit être porté sur l'entreprenariat juvénile pouvant susciter l'enthousiasme, l'ambition, l'énergie et les talents inventifs qui sommeillent dans la jeunesse et qui peuvent en conséquence, contribuer à l'essor économique de nos pays.

Dans le même contexte, il faut encourager l'artisanat tout en privilégiant les articles produits localement puisque, c'est par là également que passe le développement d'un pays. D'ailleurs, nous savons pertinemment que de nos jours outre l'initiative privée, l'Etat, les coopératives, les communautés économiques régionales (CER), ou agences du système des Nations Unies, sont plutôt mieux placés à manager des telles initiatives louables sur le long terme pour le bien des populations [41].

L'autre volet important auquel un accent particulier devra être mis, c'est la Charte Africaine de la Jeunesse, la sensibilisation et la vulgarisation de celle-ci.

---

[41] . L'article 2 de la mise en place du Fonds Africain pour le développement de la jeunesse en vertu de la décision du Conseil Exécutif Doc.EX.CL/974(XXX) adopté à Kigali, au Rwanda, en juillet 2016.

V.2 Vulgarisation de la Charte Africaine de la Jeunesse

En dépit des appels lancés et des compagnes organisées parfois consécutivement au plan national, sous régional et régional, l'impression qui se dégage actuellement est que le contenu de la Charte a été mal appréhendé voire non compris, en raison des lieux et des langues à travers lesquels s'est faite sa vulgarisation [42].

Il y a lieu d'être quelque peu insatisfaits et accablés de constater que jusqu'en 2017, certains pays africains pourtant membres de l'Union Africaine puissent encore trainer les pas à adopter ce document juridique si capital reconnaissant les droits et devoirs des jeunes africains et qui a quand même fait grand écho sur l'ensemble de la presse écrite et des medias pendant son adoption par un collège des Chefs d'Etat et de Gouvernements influents de notre continent [43].

Toutefois, de la même manière que ce document a été promu avec emphase durant ses premiers pas de mise en œuvre, par certaines structures à l'instar de l'Organisation des Nations Unies pour l'Education, la Science et la Culture et la Division de la Jeunesse de la Commission de l'Union Africaine, de cette même manière , le fonds versé sans doute au regard des prouesses qui seront accomplies pourra aider d'entreprendre les même activités pour justement atteindre l'un des objectifs de cette Charte qui est sa vulgarisation à travers l'ensemble du Continent.

Mieux encore, aura retrouvé tout le sens de sa raison d'être dans chaque Etat, au point de susciter des

---

42 . Un Haut Comité des Chefs d'Etat et de Gouvernement sur la jeunesse a été mis en place afin de promouvoir les investissements dans la Jeunesse et les recommandations de la dernière réunion de l'OIT sur l'employabilité des jeunes africains.

43 Quoique la liste des pays adhérents ait sensiblement évolué (2004-2006) ;(entre 2006-2017).

reconversions massives et sereines pour une application intégrale de celle-ci.

5.3 Renforcement des capacités et formation du corps de jeunes volontaires africains rotatif

Une fois de plus nous avions réalisé que, le déblocage d'un fonds africain pour la jeunesse pourrait également être bénéfique pour parachever sinon faciliter la tâche à la Commission des jeunes légalement sélectionnés par la Commission de l'Union Africaine et l'Union Panafricaine de la Jeunesse, sans oublier certains experts en vue de la réalisation d'une énième vaste compagne de ce document encore peu connu du public dans plusieurs Etats d'Afrique ou apparemment rangé dans un tiroir comme un objet périmé [44]!

L'investissement dans le capital humain a toujours été une nécessité majeure de tous les temps pour laquelle les Etats africains mettent l'accent pour éviter un déphasage avec le cours de nouvelles innovations et des intelligences en phase parfaite des réalités d'actualité.

En effet, les activités d'enrôlement des jeunes prêts à œuvrer dans le volontariat forgent mais permettent aussi de découvrir les talents ou performances endormies dans chaque jeune.

Cette phase transitoire située à quelques mètres dans la vie active, constitue néanmoins de tremplin qui rassure sinon facilite l'opérationnalisation du jeune volontaire dans le monde du travail[45].

---

44 . Aussi, la faible adhésion et la mise en œuvre de la charte semblent faiblir au regard d'un relâchement des Etas champions de sa promotion.

45 . L'UNESCO a énormément contribué aux efforts entrepris par les pays africains pour ratifier et mettre en œuvre de ladite Charte. En conduisant des actions de sensibilisation dans chaque pays, les jeunes apprécieront le soutien de l'UNESCO par exemple au niveau de la production de matériels

Les attitudes et les règles en vigueur régissant la structure dans laquelle il évolue lui permettra d'adopter quasiment une ligne déontologique redevable à ces formations antérieures d'où ; la nécessité de passer des stages d'imprégnation ou des chantiers vacances. Loin de représenter rien ; cette période de formation professionnelle suivie avec assiduité, finit généralement par être récompensée très positivement.

La formation d'un corps de jeunes volontaires africains est aussi à mon avis une issue importante préparant le jeune à la responsabilité au quotidien. Quoique mise en œuvre d'ores et déjà à travers un programme annuel de la Division de la Jeunesse de la Commission de l'Union Africaine, le corps des jeunes volontaires doit être une composante débouchant d'une banque des données rationnellement produite par les Conseils Nationaux de Jeunesse de tous les pays d'Afrique en collaboration avec leur ministère de tutelle c'est-à-dire, les ministères en charge de développement et de déploiement de la jeunesse, cette force montante et devenir de chaque Etat.

Mais, la sélection des réseaux de jeunes virtuels pour prendre part à certaines entrevues rend inévitablement moins efficace les résultats escomptés par les Etats ou partenaires de développement qui en retour ne reçoivent guerre de véritables résultats attendus.

Comparativement au stage d'imprégnation ; le jeune africain met en œuvre les compétences accumulées dans son domaine d'intervention. [46]

---

de sensibilisation et de communication, d'évènements médiatiques, d'ateliers pour la diffusion du contenu de la traduction de celle-ci, dans les langues locales et véhiculaires.

[46] . Le corps des jeunes volontaires de l'Union Africaine a été lancé en décembre 2010 comme l'une des initiatives de l'Union Africaine pour la promotion de la participation, le renforcement des capacités et

Outre, l'esprit de responsabilité, la promotion de l'employabilité des jeunes et d'échange d'expérience nous pouvons également constater avec gaieté que l'évolution dans ledit corps conduit le jeune à poser des actions concrètes pour le développement social, économique et politique et culturel dans sa société et par extension pour le continent africain[47].

L'efficacité et la détermination des prestations données par ces jeunes africains sont perceptibles à travers des actions indélébiles et saisissantes qui ont marqué les citoyens de plusieurs horizons africains.

Aussi, dans le cadre de l'assistance ou de l'accomplissement de certaines tâches administratives, les services de ce corps ont été d'un apport inestimable [48].

---

l'autonomisation des jeunes par le service et les échanges des compétences motivées par la philosophie du panafricanisme.

[47] . Le déploiement de plusieurs jeunes africains du corps des jeunes volontaires de l'Union Africaine au Libéria pour épargner les populations de la fièvre Ébola en 2015 a été un symbole fort.

[48] . Le Secrétariat Général de l'Union Panafricaine de la Jeunesse à Khartoum a bénéficié courant 2011-2014 des services d'un jeune manager de programme et d'un traducteur déployé par la Division de la Jeunesse de la Commission de l'Union Africaine.

CONCLUSION

Le présent ouvrage, nous permet de remonter le temps en retraçant le parcours du Mouvement Panafricain de la jeunesse à l'Union Panafricaine de la jeunesse.

Il nous a également permis d'analyser de façon plus ou moins profonde, les différents écueils ayant directement ou indirectement un rapport étroit avec les changements de paradigmes qui s'opèrent dans nos sociétés en l'occurrence, sur la sempiternelle préoccupation de l'épanouissement des jeunes africains qui se pose souvent avec acuité.

Il est vrai que, les plaidoyers menés par l'Union Panafricaine de la Jeunesse depuis sa naissance à nos jours pour faciliter l'intégration et accélérer l'indépendance économique des jeunes de notre continent a permis, à plusieurs pays d'opérer de grandes innovations quoiqu'on ne le dit jamais assez, car la réalité présentée par l'opinion en marge des enjeux réels a souvent donné l'impression d'une démission voire, d'un chaos total en direction de cette couche sociale victime de plusieurs maux.

Cependant, depuis plus d'une décennie loin « des belles paroles qui émeuvent ; l'Etat a commencé à poser des actes qui entrainent », en prenant à bras le corps, les préoccupations des jeunes lors de rencontres ou Sommets de hauts niveaux suivant les thématiques choisies.

De toute évidence, malgré les progrès fournis en faveur de la jeunesse africaine dans des domaines tels que de l'entreprenariat ; de l'implication des jeunes aux instances de prises de décisions, de la création des opportunités d'indépendance économique ; nous devons souligner que certaines questions étant réglées à coup de lance pierre et tantôt avec moins d'enthousiasme laissent croire qu'il faut donc continuer à conjuguer nos efforts pour mieux le désherber.

Pour améliorer considérablement les autres secteurs d'activités de la jeunesse de notre continent, les pays signataires de la Charte Africaine de la jeunesse et autres instruments importants devraient réellement mettre en œuvre ces cadres de développement pour accélérer et autonomiser la jeunesse africaine tout en sortant des discours traditionnels et institutionnels mettant toujours les jeunes dans un désespoir accru.

Les populations vivant à l'intérieur de nos Etats doivent être réellement associées et largement sensibilisées en usant même des langues vernaculaires afin de mieux cerner et persuader la quintessence du message inhérent à ces instruments importants adoptés.

Les plans stratégiques à caractère continentaux doivent eux aussi être suivis et coordonnés de façon à mettre tous les pays au même diapason sur certains programmes qui ont d'ores et déjà fait leurs preuves sous d'autres cieux.

Le processus de développement de compétences pertinentes par des formations et programmes d'évaluation basés sur des aspirations nationales et régionales exigeront de nouvelles approches qui doivent être développées et enseignées au bonheur de nos populations sans discrimination aucune.

A travers les éléments sus mentionnés, le destin de l'Afrique avancera davantage de plusieurs pas pour rattraper quelques retards dans ce grand village planétaire qui court à pas de dragon. Ceci amènera la population africaine et jeune en particulier à prendre conscience de l'avancement du continent.

La préservation des acquis de notre continent nous appelle tous à une seule attitude, celle de la responsabilité. Une responsabilité qui se fonde d'emblée sur les valeurs civiques et morales sacro-saintes non moins méconnues par l'occident [49].

[49] . Extrait de la lettre adressée par Amadou Hampaté Bâ à la jeunesse africaine en 1985.

GLOSSAIRE

UPJ : Union Panafricaine de la Jeunesse

MPJ : Mouvement Panafricain de la Jeunesse

CNJ : Conseil National de la Jeunesse

NTIC : Nouvelles Techniques d'informations et de communications

CONFEJES : Conférences des pays ayant en partage la langue française

FUNEAP : Fonds des Nations Unies pour la population

UNESCO : Organisation des Nations Unies pour l'Education la Science et la Culture

CTS : Comité Technique Spécialisé sur la Jeunesse la Culture et les Sports de l'Union Africaine

EFTP : Enseignement et formation technique et professionnelle

NEPAD : Nouveau Partenariat pour le développement de l'Afrique

MOI : disposition interne qui permet à tout humain d'être une lumière, une âme consciente et immaculée.

NU : Nations Unies

BM : Banque mondiale

MTS : Maladies sexuellement transmissibles

UA : l'Union Africaine

OUA : Organisation de l'Union Africaine

CUA : Commission de l'Union Africaine

CAE : Commission Economique de l'Africaine

COMYIV : Conférence des Ministres en charge des questions de développement de la jeunesse

Etats parties : Etats ayant ratifié la charte africaine de la jeunesse

Etats membres : Etats membres de l'Union Africaine

NFSY : Fédération nationale de la jeunesse soudanaise

CCJB : Conseil Consultatif de la Jeunesse beninoise

ODD : Objectifs de Développent Durables

Banjul+10 : néologisme adopté et employé durant les dix ans d'évaluation et de commémoration de la charte africaine de la jeunesse

ADYNE : Réseau des jeunes de la diaspora africaine vivant en Europe

PNUD : Programme des Nations Unies pour le Développement

OCDE : l'Organisation de Coopération et de Développement des pays industrialisés

BAD : Banque Africaine de Développement

CER : Communautés Economiques régionales

OIT : Organisation Internationale du Travail

BIBLIOGRAPHIE

1- Position Africaine sur le développement de la Jeunesse Page 1

2- Education Fondamentale, Samaël Aun Weor, chapitre sur la jeunesse

3- Rapport 2011 sur l'Etat de la jeunesse africaine du FUNEAP page

4- Code de bonne conduite de la jeunesse congolaise page 19

5- Décennie de la jeunesse 2009-2018 page 5

6- Article d'analyse sur la situation générale de l'emploi en Afrique

7- Article

8- Contrat social africain pour le 21ème siècle, collection Sambella. Edition Cc nia communication, 2007

9- Coopération Afrique- Europe de la jeunesse, série déclarations et principaux documents adoptés par le mouvement de la jeunesse depuis 2007, page 84

10- Charte africaine de la jeunesse, Des droits et devoirs articles 1 page 4

11- Agenda 2063, l'Afrique que nous voulons page 35 op. cit

12- Entretien du 20 octobre 2015 avec le Conseiller Technique du ministère de la Jeunesse et de la Construction Citoyenne du Mali, Monsieur **Amady Gansiry Bathily**

13- Feuille de route 2017 de la Commission de l'Union Africaine page

14- Liste des pays ayant signé, ratifié et adhéré à la charte africaine de la jeunesse

15- Rapport relatif aux dix ans de commémoration de la charte africaine de la jeunesse

16- Rapport perspectives économique en Afrique 2012 de la BAD

17- Décision du Conseil Exécutif sur la mise en place du Fonds africains pour le développement de la jeunesse, Doc. Ex. cl / 974(XXIX) adopté à Kigali, au Rwanda en juillet 2016

18- Contribution du Professeur Roland Pourtier, au 8ème festival de Grenoble

19- Communiqué de politique de gestion, par James GRIBBLE et JASON BREMNER, septembre 2012

20- L'article 2 du document de la mise en place du fonds africains pour le développement de la jeunesse en vertu de la décision du conseil Exécutif Doc. Ex.cl/ 974(XXX) adopté à Kigali, au Rwanda, en juillet 2016

TABLE DE MATIERES

Structures éditoriales du groupe L'Harmattan

L'Harmattan Italie
Via degli Artisti, 15
10124 Torino
harmattan.italia@gmail.com

L'Harmattan Hongrie
Kossuth l. u. 14-16.
1053 Budapest
harmattan@harmattan.hu

L'Harmattan Sénégal
10 VDN en face Mermoz
BP 45034 Dakar-Fann
senharmattan@gmail.com

L'Harmattan Cameroun
TSINGA/FECAFOOT
BP 11486 Yaoundé
inkoukam@gmail.com

L'Harmattan Burkina Faso
Achille Somé – tengnule@hotmail.fr

L'Harmattan Guinée
Almamya, rue KA 028 OKB Agency
BP 3470 Conakry
harmattanguinee@yahoo.fr

L'Harmattan RDC
185, avenue Nyangwe
Commune de Lingwala – Kinshasa
matangilamusadila@yahoo.fr

L'Harmattan Congo
219, avenue Nelson Mandela
BP 2874 Brazzaville
harmattan.congo@yahoo.fr

L'Harmattan Mali
ACI 2000 - Immeuble Mgr Jean Marie Cisse
Bureau 10
BP 145 Bamako-Mali
mali@harmattan.fr

L'Harmattan Togo
Djidjole – Lomé
Maison Amela
face EPP BATOME
ddamela@aol.com

L'Harmattan Côte d'Ivoire
Résidence Karl – Cité des Arts
Abidjan-Cocody
03 BP 1588 Abidjan
espace_harmattan.ci@hotmail.fr

Nos librairies en France

Librairie internationale
16, rue des Écoles
75005 Paris
librairie.internationale@harmattan.fr
01 40 46 79 11
www.librairieharmattan.com

Librairie des savoirs
21, rue des Écoles
75005 Paris
librairie.sh@harmattan.fr
01 46 34 13 71
www.librairieharmattansh.com

Librairie Le Lucernaire
53, rue Notre-Dame-des-Champs
75006 Paris
librairie@lucernaire.fr
01 42 22 67 13

www.ingramcontent.com/pod-product-compliance
Lightning Source LLC
LaVergne TN
LVHW051411061026
849535LV00009B/3485
* 9 7 8 2 1 4 0 4 9 1 1 1 5 *